COSA HA PERSO LA TOPOLINA SPAGNOLA?

SCRITTO DA MARK PALLIS
ILLUSTRATO DA PETER BAYNTON

NEU WESTEND
— PRESS —

Per Federico - MP

Per Hannah e Skye - PB

Cosa ha perso la topolina spagnola?
Copyright text © 2020 Mark Pallis e Copyright images © 2020 Peter Baynton

Tutti i diritti riservati. Questo libro o parte di esso non può essere riprodotto o utilizzato in alcun modo senza l'espressa autorizzazione scritta dell'editore, ad eccezione dell'uso di brevi estratti in una recensione.

First Printing, 2020
ISBN: 978-1-913595-15-9
NeuWestendPress.com

COSA HA PERSO
LA TOPOLINA SPAGNOLA?

SCRITTO DA MARK PALLIS
ILLUSTRATO DA PETER BAYNTON

NEU WESTEND
— PRESS —

Nel bel mezzo di una grande città, c'è un piccolo edificio giallo. Se qualcuno perde qualcosa, è qui che finisce.

Si chiama L'Ufficio degli Oggetti Smarriti.

Il signore e la signora Rana tengono
tutto al sicuro, sperando che tutti
gli orologi e le borse e i telefoni e
i giochi e le scarpe e le grattugie
perse vengano ritrovate.

Ma il negozio è veramente piccolo. E
ci sono così tanti oggetti smarriti.
È tutto molto stretto, ma è
comunque splendido.

Un giorno di sole, una topolina entrò.

« Benvenuta » disse il signor Rana. « Cos'hai perso? »

« He perdido mi sombrero » disse la topolina.

Il signore e la signora Rana non parlavano spagnolo. Non avevano idea di cosa stesse dicendo la topolina.

Cosa dovremmo fare? pensavano.

Forse ha perso un ombrello. Tutti perdono un ombrello almeno due volte; pensò il signor Rana.

« Hai perso questo? » chiese il signor Rana.

« ¿Un paraguas? No » rispose la topolina.

Poi la signora Rana si ricordò:
molti mesi fa, era stato trovato qualcosa...

« È tuo questo? » chiese la signora Rana, tenendo in mano un pezzo di formaggio.

« Queso? No. ¡Eso apesta! » disse la topolina.

« Dovresti buttare quel formaggio nella spazzatura, cara » disse il signor Rana.

« Forse la parola 'sombrero' vuol dire cappotto » disse il signor Rana.

« Ora, dove ho messo quello giallo? »

« Trovato! » disse il signor Rana.

« ¿Un abrigo? No. He perdido mi sombrero » disse la topolina.

Iniziò a sentirsi un po' sconsolata.

« Dobbiamo continuare a provare » disse la signora Rana.

No he perdido una bufanda.

Ni unos pantalones.

Ni un suéter.

Ni unas gafas de sol.

Ni unos zapatos.

« He perdido mi sombrero » disse la topolina.

Ni dos bicicletas.

Ni una computadora.

Ni tres libros.

Ni cuatro plátanos.

Ni cinco llaves.

Che disastro. Una grossa lacrima scese sulla guancia della topolina.

« Che ne dici di una tazza di tè? » chiese gentilmente la signora Rana.

« Me encanta el té. Gracias » rispose la topolina. Si sedettero insieme, sorseggiando i loro tè e sentendosi un po' tristi.

La topolina ebbe un'idea incredibile: poteva indicare la sua testa.

« ¡Sombrero! » disse.

« Ce l'ho! » esclamò la signora Rana, balzando in piedi.

« Ma certo, una parrucca! » disse la signora Rana.

« No es una peluca » disse la topolina.

No es roja.

Ni rubia.

Ni marrón.

Ni multicolor.

Ni verde.

« Che ne dici di questi? » chiese il signor Rana aprendo una tenda.

« ¡Sombrero! » esclamò la topolina.

« Ah, quindi 'sombrero' significa cappello. Meraviglioso! » Il signor e la signora Rana erano contentissimi.

Este es demasiado alto.

Demasiado pequeño.

Demasiado grande.

Demasiado apretado.

« È rimasto solo un cappello » disse la signora Rana, andando fino al retro dell' armadio.

« Non è possibile che sia questo vecchio cappello, no? »

« Mi sombrero.

¡He encontrado mi sombrero!

Muchas gracias » disse la topolina.

E così la topolina trovò il suo cappello
e il mondo tornò ad essere bello.

« Adiós » disse la topolina e saltellò via.
« Adiós » risposero il signore e la signora Rana.

« Mi chiedo chi verrà domani » disse il signor Rana.
La signora Rana lo circondò con il braccio.

« Non lo so » rispose lei, dandogli un abbraccio
« ma chiunque sia, noi faremo del nostro
meglio per aiutarlo. »

IMPARARE AD AMARE LE LINGUE

Un'ulteriore lingua apre la mente del bambino, amplia i suoi orizzonti e arricchisce la sua vita emotiva. Le ricerche hanno dimostrato che il periodo che intercorre tra la nascita di un bambino e il suo sesto o settimo compleanno è un "periodo d'oro", in cui è più ricettivo alle nuove lingue. Questo perché i bambini hanno una capacità intrinseca di distinguere i suoni che sentono e di dar loro un senso. Lo 'Story-Powered Language Learning Method' sfrutta queste capacità naturali.

COME FUNZIONA LO 'STORY-POWERED LANGUAGE LEARNING METHOD'?

Creiamo una storia emotivamente coinvolgente e divertente in modo da far divertire insieme bambini e adulti, come in qualsiasi altro libro illustrato. Gli studi dimostrano che l'interazione sociale, proprio come il godersi un libro insieme, è fondamentale nell'apprendimento delle lingue.

Attraverso la storia, introduciamo un personaggio riconoscibile che parla solo nella nuova lingua. Questo aiuta a costruire l'empatia e un atteggiamento positivo verso le persone che parlano lingue diverse. Questi sono entrambi aspetti importanti per gettare le basi di un linguaggio duraturo che verrà acquisito durante la vita del bambino.

Con il progredire della storia, il bambino lavora naturalmente con i personaggi per scoprire una vasta gamma di significati e nuove parole divertenti. L'uso strategico dell'umorismo assicura che questo apprendimento venga restituito inconsciamente attraverso le risate. Il bambino si sente bene e vengono piantati i primi semi di un amore per le lingue che durerà tutta la vita.

Per ulteriori informazioni e download gratuiti, visitate: www.neuwestendpress.com

ECCO TUTTE LE PAROLE SPAGNOLE DELLA NOSTRA STORIA

he perdido mi sombrero	*ho perso il mio cappello*	rubia (f)	*bionda*
el paraguas	*ombrello*	marrón (f)	*marrone*
el queso	*formaggio*	verde (f)	*verde*
eso apesta	*puzza*	multicolor	*multicolore*
el abrigo	*cappotto*	no	*non*
la bufanda	*sciarpa*	el sombrero	*capello*
los pantalones	*pantaloni*	mi sombrero	*il mio cappello*
las gafas de sol	*occhiali da sole*	demasiado alto	*troppo alto*
el suéter	*maglione*	demasiado grande	*troppo grande*
los zapatos	*scarpe*	demasiado pequeño	*troppo piccolo*
uno (m)	*uno*	demasiado apretado	*troppo stretto*
dos	*due*	¡he encontrado mi	*ho trovato il mio*
tres	*tre*	adiós	*addio*
cuatro	*quattro*		
cinco	*cinque*		
la computadora	*un computer*		
los libros	*libri*		
las llaves	*chiavi*		
los plátanos	*banane*		
las bicicletas	*biciclette*		
me encanta el té	*amo il tè*		
gracias	*grazie*		
muchas gracias	*grazie mille*		
la peluca	*una parrucca*		
roja (f)	*rossa*		

IL MONDO DEI SIGNORI RANA

QUESTO LIBRO È DISPONIBILE ANCHE IN

TAGALOG

TEDESCO

RUMENO

ARABO

ALBANESE

INGLESE

EBRAICO

FRANCESE

LATINO

RUSSO

ENGLISH-ITALIAN

...E MOLTI ALTRI!

@MARK_PALLIS TWITTER
WWW.MARKPALLIS.COM

TI È PIACIUTO?
LASCIATE UNA
RECENSIONE
E FATECI SAPERE!

@PETERBAYNTON INSTAGRAM
WWW.PETERBAYNTON.COM

www.ingramcontent.com/pod-product-compliance
Lightning Source LLC
Chambersburg PA
CBHW050757110526
44588CB00002B/27